ESSÊNCIAS DA SABEDORIA

Essências Da Sabedoria

ALDIVAN TORRES

aldivan teixeira torres

CONTENTS

1 - "Essências Da Sabedoria" 1

"ESSÊNCIAS DA SABEDORIA"

Aldivan Teixeira Torres

ESSÊNCIAS DA SABEDORIA

Autor: Aldivan Teixeira Torres
©2018-Aldivan Teixeira Torres
Todos os direitos reservados

Este livro, incluindo todas as suas partes, é protegido por Copyright e não pode ser reproduzido sem a permissão do autor, revendido ou transferido.

Aldivan Teixeira Torres, natural de Arcoverde-PE, é um escritor consolidado em vários gêneros. Até o momento tem títulos publicados em nove línguas. Desde cedo, sempre foi um amante da arte da escrita tendo consolidado uma carreira profissional a partir do segundo semestre de 2013. Espera com seus escritos contribuir para a cultura Pernambucana e Brasileira, despertando o prazer de ler naqueles que ainda não tenham o hábito. Sua missão é conquistar o coração de cada um dos seus leitores. Além da literatura, seus gostos principais são a música, as viagens, os amigos, a família e o próprio prazer de viver. "Pela literatura, igualdade, fraternidade, justiça, dignidade e honra do ser humano sempre" é o seu lema.

Dedicatória e agradecimentos

Dedico este pequeno livro a todas as almas sedentas de conhecimento e de sabedoria. Deixemos nos levar pelo momento propício objetivando aprender do criador estas pequenas lições pois tudo provém dele.

Agradeço em primeiro lugar ao senhor da minha vida, a minha família, a meus amigos e admiradores do meu trabalho como escritor. Estou feliz por este novo projeto.

Introdução

"Essências da sabedoria" traz em si um convite para que você se aprofunde no conhecimento do seu pai espiritual. Através de suas observações e conselhos certeiros, o objetivo é transformar a sua realidade e impulsioná-lo para o bem. Tenha uma boa leitura!

SUMÁRIO

Textos

1. "Somos seres espirituais e carnais. Na parte espiritual, somos impregnados de tal magnetismo que somos capazes de absorver as coisas ruins e boas que os outros nos desejam. A fim de evitar as coisas ruins, procure a proteção espiritual dos seres de luz e eles te livrarão de toda espécie de cilada. A fim de atrair as boas coisas, busque manter-se com valores idôneos, uma ética generosa e justa além duma caridade constante auxiliando os mais necessitados. Lembre-se sempre da lei do retorno que é suprema no universo."

2. "Pare neste momento de correr contra o tempo em busca de bens materiais. Busque apenas o necessário para sobrevivência sua e da família. O poder e o dinheiro em excesso lhe trarão apenas prejuízos. Vê o exemplo do milionário? Ele vive acorrentado atrás de

muros potentes visando proteger sua fortuna e sua vida dos ladrões. Ele praticamente não tem vida social: Não pode passear na rua livremente, não pode ir a uma praia com a família e vive cheio de medo. É isso que você deseja para sua vida? Pense bem se não é melhor ter uma vida simples, mas que seja totalmente livre."

3. "Deus é um onipotente espírito. Ao seu comando, foram criados mundos, os elementos naturais e as criaturas. Ele por si só basta por toda a eternidade. O que parece impossível ao homem ele pode realizar com mão forte e esperamos o melhor projeto dele para nossas vidas pois é em verdade um amor puro e completo. Entreguemos, portanto, nossos sonhos na direção certa e trabalhemos para sermos dignos de sua misericórdia".

4. "O senhor é um único Deus. Porém, são muitos os caminhos possíveis de chegar junto a ele. Como saber então

se estou no caminho certo? Verifique as obras e se estas forem boas representam uma vertente Divina. Porém, lembre-se que o fato de ter uma orientação não lhe dá o direito de desprezar os outros".

5. "Não pense que Deus é um velho barbudo morando após o horizonte. Javé tem múltiplas faces apresentando-se em suas próprias criaturas fazendo morada nas que são mais dignas. Portanto, toda obra boa provém dele, de sua infinita generosidade e misericórdia. O senhor também pode ser representado por uma legião de guerreiros da luz pois é exatamente isso o que ele é, uma união das forças luminosas. A fim de agradá-lo busque sempre cultivar seus mandamentos repassados através de seus profetas. Aquele que vive a realidade do Senhor sempre é mais feliz."

6. "Javé é amor infinito. A prova disso são seus milagres ao longo da história em

prol da humanidade sendo o maior deles o nascimento e ressurreição de Jesus Cristo. Aproveitemos esta dádiva concedida e honremos nossa missão na Terra objetivando estarmos preparados para a volta dele."
7. "O pior Carma é insistir em ações que não trazem resultados satisfatórios para ninguém. Se não quer ajudar o próximo, não atrapalhe. Destilando seu veneno, você só vai conseguir regredir espiritualmente e afundar num abismo escuro que talvez não possa sair. Pense bem nas consequências dos seus atos".
8. "Tenha uma boa disposição mental. Saiba que se dispuseres a praticar o bem você será sintonizado com as coisas boas e consequentemente verterá luz pura. É exatamente como disse o senhor: Bata e será aberto, procure e achar-se-á. Este é um dos segredos da verdadeira felicidade."
9. "Tudo que buscamos não tem uma ex-

plicação lógica. A palavra de ordem é fé para que possas acreditar e viver uma realidade do qual muitos fogem. Você pode ver o amor? Não, mas pode senti-lo. A mesma coisa ocorre com as forças benignas do universo: Elas estão sempre ao nosso lado e nem sequer percebemos."
10. "Saiba reconhecer com sabedoria o verdadeiro amigo. Verdadeiro amigo é aquele que está contigo nas horas boas e ruins. É aquele que não cansa de orientá-lo e até brigar com você quando faz alguma coisa errada. É aquele que se importa com seu bem-estar e procura na medida do possível estar presente nos momentos mais importantes de sua existência. Amigo pode ser O Senhor, seus pais, familiares, vizinhos ou até desconhecidos."
11. "Entenda sua importância e posição. Reconheça-se como filho de Deus e tente compreender sua atuação no universo. Saiba que ao seu lado tem

um pai amoroso disposto a lutar pela sua felicidade. Porém, você quer fazer o mesmo consigo? Ou desistirá ao enfrentar obstáculos? A forma como nós agimos é essencial para obtermos sucesso."

11) "A sabedoria dum homem não se mede pela idade. Ela demonstra-se através das obras consolidadas ao longo da vida. É certo que o insensato não se sustenta com o tempo enquanto que o sábio permanece entre os grandes. Uma vez, certo alguém me disse que a sabedoria é tão grande quanto a intensidade de nossa felicidade e creio que isso é uma grande verdade."

12. "Ao longo da vida somos guiados pelos mestres carnais e espirituais. É da boa sabedoria sempre os ouvir a fim de seguir um caminho tranquilo e de sucesso na terra. Em troca, eles aprendem também conosco numa relação múltipla. Isto prova o seguinte jargão:

"Ninguém é tão perfeito que não possa aprender nem ignorante o suficiente que não possa ensinar".
13. "O que Jesus Cristo propõe para nossas vidas é uma contrição sincera com a verdade e seus mandamentos. Renunciando a nossa individualidade, podemos enfim ter a oportunidade de esquecer as nossas dores mais internas e apagar nossos pecados".
14. "Se você estiver em sintonia com a vontade do senhor saberá ouvir a palavra dele a qual produzirá em si contentamento, tranquilidade e sabedoria espiritual."
15. "Tudo tem que ser na medida certa. Saber conversar e saber ouvir entendendo os motivos do outro sem nenhum julgamento faz de você um bom amigo".
16. "A essência da meditação deve ser aplicada em toda situação de estresse abrindo as possibilidades de resolução dum grande problema sem desespero."

17. "Trabalhe as boas virtudes em si mesmo de modo que elas se tornem extensas e profundas como o oceano. De modo análogo, evite as coisas ruins suprimindo-as de tal forma que não tenham mais ação em sua vida."
18. "Seja um guia para os ignorantes da mesma forma que você ajudaria um cego a atravessar a rua. Agindo assim, O Senhor ampliará sua sabedoria tornando o impossível possível".
19. "Não permita que a rotina do dia a dia produza descrença em ti. Cultive sempre a fé e os seus esforços serão recompensados gerando frutos consistentes."
20. "O segredo de ter sabedoria é seguir os ensinamentos do Senhor. Ele fará dos justos poços de inteligência com conhecimento capaz de saber de todas as coisas."
21. "O ferrão da morte não será capaz de destruir o amor nem a dignidade do homem. Eles os levarão consigo para

onde quer que vá pois onde estiver seu tesouro aí estará também seu coração".

22. "O inimigo esforça-se em bloquear o caminho dos fiéis, mas eles têm um advogado poderoso que dirimi todas as dúvidas junto ao pai. Ele nos levará a uma terra onde corre leite e mel."
23. "A família é o nosso maior bem. Quando ela estiver em crise, devemos tentar de todas as formas resgatá-la."
24. "Faça as boas obras e em troca receberá honra, sucesso e felicidade. Não há fórmula mágica nem caminho pronto para ser um justo. Cabe a cada um descobrir em sua realidade a melhor forma de colaborar para um universo melhor honrando sua missão na terra."
25. "Ser paciente e tolerante em todas as situações mantem você no controle de sua vida. Sinta o aspecto espiritual do universo, associando-se a ele em busca do algo a mais. Esta força chama-se

Deus e está pronta para auxiliá-lo em todos os momentos de sua vida."
26. "Perceba o poder e o amor do criador. Quem criou o universo através duma simples palavra é capaz de fazer muito por você. Não se deprecie. Sua importância é muito grande para o equilíbrio do planeta independentemente do grau de sua responsabilidade. Faça das pequenas coisas grandes oportunidades de conhecimento."
27. "Procure ser um cidadão plenamente do bem. Saiba que não é nenhum sacrifício ser gentil, dar um bom conselho, fazer uma caridade, ser companheiro, assistir os doentes, ter um comprometimento religioso, fazer valer seus direitos e deveres. Ser um apóstolo do bem não é uma obrigação pois cada tem seu livre arbítrio, mas deve ser uma meta para quem almeja ter felicidade neste mundo."
28. "Sabe qual o segredo da felicidade? Manter sua mente longe da correria do

mundo. A modernidade e seus aparelhos tecnológicos revolucionaram nosso modo de viver e a comunicação entre as pessoas. Entretanto, chega um momento que isso nos afoga. Por isso, se puder deixá-los por alguns momentos sentirá algo novo: Uma paz completamente abundante. Faça isso e veja como é realmente satisfatório para seu bem-estar mental."

29. "Como conheço a Deus? Como interpretar o seu desejo em nossas vidas? Primeiramente, é importante descartar convenções falsas geralmente aceitas pela maioria das pessoas. Não espere que O pai espiritual esteja distante entronado numa cadeira feita de ouro. O senhor dos exércitos está nas favelas, nos hospitais, nos asilos, nas uniões familiares, com você e em todo lugar que é invocado. O espírito é aquela pequenina voz interior que te aconselha e te dirige. Portanto, pensando assim fica bem mais fácil de entende-lo com-

preendendo seu papel no mundo. Nunca deixe de seguir sua intuição".
30. "O motorista tem um papel especial de grande responsabilidade perante Deus. Ele é o responsável por dirigir veículos deslocando pessoas dum lado para outro. Portanto, é necessário que se tome alguns cuidados: Não tome nenhum tipo de droga antes de dirigir; caminhe numa velocidade moderada de modo a conseguir controlar o carro em caso duma eventualidade e respeite as leis do trânsito. Não tenha pressa em chegar no destino pois o tempo é uma lei relativa."
31. "Você que é um idoso aposentado ou jovem sem trabalho fixo busque ocupar sua mente com coisas criativas. O importante é sentir-se útil em alguma atividade que lhe proporcione prazer e reconhecimento. Tomem como um bom exemplo meu caso: Sou escritor, funcionário público e dona-de-casa com cada um ocupando um espaço em

minha agenda. Também conheço pessoas que tem três empregos fixos, estuda e ainda trabalha em casa. Apesar de não ser muito recomendado tamanha carga de trabalho o pior seria ficar estagnado esperando um milagre acontecer em sua vida. Não é dessa forma que funciona pois só obtemos sucesso se nos empenharmos fixamente em nossos projetos. Com uma boa dedicação, podemos esperar a bênção de Deus ajudando a concretizar nossos planos.

32. "Se quer algo bem feito, faça você mesmo. Não espere que o outro por mais capacitado que seja faça por ti. Seja proativo tomando as rédeas da linha espaço-temporal de sua história".

33. "Enquanto o insensato usa sua própria força para oprimir o justo, esta conserva a sabedoria e a submissão ao Senhor. No tempo certo, o segundo subirá de hierarquia e ficará entre os grandes. Em contrapartida, o primeiro

colherá os frutos de sua própria insensatez."
34. "A mentira tem dois pontos de vista. Dum lado, temporariamente, acalma o coração nos fazendo acreditar num mundo repleto de contos de fadas. Porém, não se sustenta em si mesmo caindo por terra. Quando isso acontece, há uma grande dor inevitável. É aí que percebemos que o melhor de todas as coisas é a verdade por mais dura que seja. Na verdade, o coração de Deus reina e estabelece-se, pois, a justiça encontra-se nela."
35. "Maldito seja a calúnia e o caluniador. Que se jogue a língua fora ou então todo o corpo será queimado nas trevas exteriores. Por que não te ocupas de sua própria vida? Se queres criticar olhe primeiro para si mesmo e reconheça seus próprios defeitos. Portanto, quem é você para julgar o próximo?"
36. "Não haverá mais dor, sofrimento, morte ou tribulação. Esta é a promessa

de Jesus para todos aqueles que seguirem os mandamentos dele. Venha fazer parte desta nova realidade espiritual lembrando-se que não é mais necessário nenhum sacrifício penoso de tua parte pois tudo foi consumado na cruz".

37. "O céu é o conjunto de inúmeras realidades espirituais. Podemos dizer também que não há caminho específico para se chegar a Deus. Cada um traça seu caminho de acordo com sua peculiaridade e na medida do seu merecimento terá o plano espiritual adequado a sua evolução."

38. "Diante dos problemas, procure tranquilizar-se. A maioria dos entraves é o nosso próprio subconsciente que cria gerando em consequência o medo em enfrenta-los. Por mais difícil que seja o problema, saiba que há uma solução para ele. Só não há jeito para a morte."

39. "Deem glória ao Senhor por tudo de bom que aconteceu em sua vida. Ele é

um pai amoroso, generoso e justo que reina em nossas existências. Nunca cometa o erro de atribuir a Deus a responsabilidade das coisas ruins. Deus não tem nada a ver com isso. Os casos fortuitos são consequências de nossas escolhas geradas pelo livre arbítrio. Sejais justos em suas análises."
40. "Tudo que existe é manifestação do Senhor dando honra e glória ao seu nome. Perfeitas são suas leis e retos são seus caminhos. Por isso ele é o Senhor dos exércitos".
41. "Faça seu trabalho com dedicação e garra e eis que você terá uma posição destacada. Nunca use de sua posição ou influência para prejudicar ninguém por conta de inveja porque justiça o alcançará onde quer que esteja."
42. "Procure fazer limpezas periódicas visando limpar o corpo e a alma. São fins de ciclo necessário para liberar sua mente a fim de alcançar voos mais al-

tos. Lembre-se que o rancor e o pecado vos mantêm afastado de Deus."
43. "Plante e colherá os frutos merecidos do seu trabalho. Assim também ocorre com nossas obras pois só recebemos o que damos. Se suas obras são boas os resultados também o serão."
44. "Cultue bons valores de tal forma a seguir os mandamentos deixados pelo espírito santo. É um caminho árduo, mas que vale muito a pena pois será sua tábua de salvação."
45. "A melhor forma de louvar o Senhor é ajudando com atos e palavras os mais necessitados deste mundo".
46. "Ninguém conhece a Deus a não ser seus filhos amados. É através deles que podemos compreender um pouco da grandeza do coração do pai celestial. Basicamente, suas leis estão resumidas nos mandamentos e nas leis do bom senso comum. Siga a boa ética e então todas os seus trabalhos serão abençoados. Isto não quer dizer que

sua vida será fácil. A nossa passagem na terra é um desafio constante e um bom senso de controle é essencial para que não percamos o rumo certo. Boa sorte a todos os meus irmãos de coração!"
47. "Apesar da grandeza e da extensão do universo, nada passa despercebido aos olhos do criador. Com ordem soberana e glória, ele atua em todas as dimensões existentes representado pelos seus mensageiros. Quanto a ele, é uma incógnita para a maioria das pessoas. Mas para mim ele não é. Conheci sua face, sua bondade e proteção no momento mais difícil da minha vida, tempo a qual eu chamo de "Noite escura da alma". Foi um período de pecado e de afastamento do bem que me inspirou a escrever o segundo capítulo da minha série principal "O vidente". Apesar de triste, confuso e complicado aprendi e fui preparado pelo divino para uma missão maior que

é exatamente: Participar do mundo literário com a construção de obras visando a evolução do ser humano rumo ao caminho do pai. Este projeto é ainda embrionário, mas aos poucos vai se desenhando minha missão na terra. Espero contar com o seu apoio neste importante troca de conhecimento. Muito obrigado a todos que me acompanham!"

48. "Não é possível ao homem ter ciência do que acontece nem o conhecimento sobre a propriedade do pai. Por mais que pesquise e busque nunca alcançará a verdade completa. Isto acontece para que o nosso senhor seja respeitado para todo o sempre. Devemos nos submeter e nos entregar a este imenso poder criador pois ele sabe exatamente o que é melhor para nós. Faça como eu e vire a página de sua vida".

49. "Assim como a água do rio segue a correnteza deixe-se levar pelo destino.

Não queira nadar contra a corrente pois isto só lhe trará maus resultados. Lute pelos seus objetivos, mas saiba que a palavra sempre final vem de Deus".

50. "Há muitos que se intitulam sábios, mas em verdade todos são meros tolos. Diante de Javé, não há poder, ciência ou sabedoria. Tudo o que é bom vem dele derramando-se pelos mortais que merecem. Porém, nunca queira ser mais do que realmente você é. Isso denomina-se humildade.

51. "Toda a compreensão do infinito está em Javé. Infinita sabedoria, infinito amor, misericórdia, generosidade e proteção. Ao ser humano basta ter consciência de seus atos buscando consertar seus erros visando a evolução espiritual".

52. "Muitos estudiosos estudam os limites do universo sem sucesso. Por que não estudar seus próprios limites? Desta forma buscando algo palpável fica

mais fácil analisar as relações entre si e os outros. Isto é bem mais importante do que procurar coisas vãs as quais não estão em nosso alcance".

53. "O único grande é o Senhor o qual merece por direito toda honra, glória e adoração. Do alto do céu, ele derrama suas graças para os seus fiéis do coração. Faça, pois, obras compatíveis com este dom."

55) "O próprio homem é quem define seu estado espiritual. Se buscamos as boas obras, nossa vida enche-se de vibrações positivas, otimismo e felicidade. Caso contrário, "A noite Escura" apodera-se por completo de nossa alma. Mesmo sabendo que esta última escolha é ruim, o ser humano é totalmente livre para decidir seu caminho."

56) "A maiorias das pessoas torna-se ingrata ao não reconhecer as boas ações do seu pai espiritual em sua vida permanecendo na imensa busca de querer cada vez mais. Isto tudo é fugaz sendo uma cor-

rida inútil. Ao homem, basta preocupar-se com o presente pois o amanhã só a Deus pertence."

57) "Inestimáveis são os dons do Senhor e poucos que se aproveitam deles. Seja como o exemplo do bom servo que cultiva o bom talento e os multiplica por três. Não faça como o servo ingrato que enterra seus próprios dons".

58) "O servo não é maior do que seu senhor, mas se fizer um bom trabalho poderá conquistar sua confiança e ser considerado seu filho".

59) "Eu tenho uma multidão a minha disposição que me adora e glorifica. Portanto, apesar do inimigo se esforçar, não consegue êxito em seus projetos. Assim acontece para que minha soberania seja respeitada por todos".

60) "Foi eu que criei tudo o que existe no universo visível e invisível. Todos me devem vida, honra, glória e adoração. Isto nada mais do que é uma gratidão sincera. Entretanto, muitos preferem seguir seu próprio

caminho não escutando meus conselhos interiores afastando-se do meu convívio. Ainda assim tenho esperanças de que com as circunstâncias eu possa recuperar sua alma. Porém, deixo-lhe completamente livre para decidir o que quer pois vos amo de todo meu coração, pensamento e alma."

61) "Não há justiça e misericórdia maiores do que a minha. Eu ajo dessa forma porque sei exatamente o que se passa no fundo de cada coração humano. Não queira me enganar com falsas promessas pois isso só acende minha ira. Não queira também abusar da minha paciência pois não vai gostar. Minha mão é deveras pesada quando quero."

62) "A beleza é importante quando vem de fora para dentro. Não se apegue a ilusão duma figura bonita, porém, pobre espiritualmente falando. Tudo o que é terreno passa apenas permanecendo as boas obras."

63) "Cantem ao senhor um cântico novo cheio de respeito e adoração. Nada mais

justo do que louvar quem nos criou e nos protege continuamente dos perigos."

64) "O amor é a mais força criadora existente a qual nos aproxima de Deus. Ame ao próximo sem esperar retribuição e sem expectativas."

65) "Ninguém vive sem sonhos. Procure, pois, planejar, agir e cultivar seus desejos. Sendo nobres, eles tornar-se-ão realidade pelo seu próprio esforço ".

66) "Apesar de existir uma hierarquia nas relações humanas nem sempre devemos obedecer aos nossos superiores. Está escrito que o servidor público deve ser ater estritamente a lei. Se não tiver obrigatoriamente escrito, não somos obrigados a obedecer nem que fosse o presidente da república a nos ordenar".

67) "Eu conheci meu pai espiritual num dos momentos mais difíceis da minha vida. Ele foi o único que confiou em mim quando eu estava jogado num abismo fundo e escuro. Através do seu anjo, ele me retirou de lá e começou a ensinar um pouco de seus

valores. Com o tempo observando ao meu redor pude aprender ainda mais sobre ele. Posso dizer que ele é um pai paterno, generoso, humano, companheiro, solidário, tolerante, justo e misericordioso que se importa de verdade conosco. Ele me adotou como filho e me transformou num homem digno porque entreguei minha causa a ele. Faça isso também e verá como sua vida mudará completamente."

68) "Apesar de Deus ser o ser mais supremo do universo nós podemos nos aproximar dele como filhos. Adotando valores morais e uma ética consistentes podemos nos orgulharmos de sermos chamados de "Filhos de Deus" em seu mais pleno significado".

69) Sempre acredite no seu potencial lutando bravamente pelos seus sonhos. Javé Deus nos deu a sabedoria suficiente para construirmos nossa própria identidade e transformamos as relações. A fim de obter o sucesso, é necessário, pois, primeiramente, termos o espírito da paz e da caridade

conosco. O bem que você quer para si faça aos outros e então terá achado o segredo da felicidade."

70) "Mantenha-se firme em qualquer situação. Por mais problemas que tenha, erga a cabeça e siga em frente. Busque soluções e o Senhor Deus lhe ajudará. Lembre-se que o impossível não existe para ele podendo realizar em sua vida milagres verdadeiramente notáveis."

71) "Aprenda a ser feliz. A felicidade nada mais do que é uma consciência de espírito. Busque encontrar o que lhe falta na natureza, no relacionamento consigo mesmo, com Deus e com seu parceiro(a). Aceite-se com seus defeitos e qualidades não criando expectativas com relação aos outros. Isto evitará sofrimentos desnecessários."

72) "Nunca elogie um homem por sua beleza pois isto é passageiro. O que verdadeiramente importa nele é o caráter, conceitos morais e éticos idôneos os quais levará para a vida inteira."

73) "Meça suas palavras de forma a não

magoar o outro. Se não puder ajudar, também não atrapalhe permitindo que o outro seja feliz de seu jeito."

74) "Deus é tudo e todo ao mesmo tempo. Através de seu poder e soberania, controla o universo com mão de ferro. Mesmo sendo tão poderoso e tão grande, ele se importa com cada um de nós. Ele faz questão que você se integre ao reino dele em comunhão com seus filhos benditos. Entretanto, esta escolha é somente sua devido ao livre arbítrio. Ele nunca vai obriga-lo a amá-lo."

75) "A misericórdia de Deus é tão grande quanto a extensão do universo. Contudo, que isto não sirva de justificativa para continuar pecando. Endireite-se o quanto antes tendo uma vida feliz".

76) "A estrutura do universo é magnífica com cada elemento deste desempenhando uma função importante. Assim ocorre nos reinos espirituais e carnais. Logo, quando sentir-se depressivo pense que sua presença é significativa para alguém."

77) "O trabalho é fundamental para que

o ser humano cresça e tenha dignidade. Fuja do ócio procurando ocupar sua mente, mesmo nos momentos de folga, com atividades sadias e prazerosas: Caminhe, ouça música, viaje, passeie com amigos, leia livros, converse com pessoas de confiança, vá regularmente ao médico, faça exames preventivos, frequente a academia, estude as religiões, ore bastante por você e seu próximo e exclua da sua vida o que lhe faz mal. Agindo assim, as possibilidades de você sentir-se em paz e feliz serão maiores."

78) "Alegre seu coração de tal forma que a vida fique leve. Retire de sua mente tudo o que contribui para tristeza e dor. Esqueça o ódio, o ressentimento, as perdas e o fracasso. Creia que tomando um novo caminho as coisas hão de melhorar para você. Lembre-se sempre que para tudo tem um jeito e uma saída com exceção da morte."

79) "O que faz de você um guerreiro não é a quantidade de guerras que venceu, mas quantos obstáculos superou".

80) "A educação é fundamental para in-

serir-se no mercado de trabalho e construir uma personalidade ética e idônea."

81) "Faça de sua passagem na terra um momento de adoração ao Senhor. Construindo um conjunto de obras boas, sua alma alcançará a luz e a paz necessárias para o seu bem-estar."

82) "Não há um meio-termo. Ou você está do lado do bem ou do lado das trevas. Isto é consequência do livre arbítrio dado ao homem."

83) "Ser herói não é conseguir algo fantástico. Ser herói é lutar pelos seus sonhos num país onde o investimento cultural é precário. Porém, é preciso resistir e continuar lutando."

84) "Dê asas a sua vontade. Liberte seu "Eu interior" de tal forma que os empecilhos do caminho não o façam desistir. Mesmo diante duma grande dificuldade, mantenha-se com fé".

85) "Busque a humildade e a simplicidade. O sublime vem dessa essência de ser.

Mostre na sua pequenez o tamanho de sua grandeza".

86) "O valor do homem está em sua autenticidade. Ser autêntico é ter um padrão de comportamento definido com valores idôneos e honestos. Eu recomendo fortemente o seguimento dos mandamentos e das leis divinas dadas por Deus a seus profetas."

87) "Quem verdadeiramente amou ou ama? É preciso refletir e observar tudo o que está à nossa volta. Digamos que reconheçamos o amor através de sinais. Quem te ama de verdade está sempre ao seu lado nas horas boas e ruins, mesmo que às vezes você não tenha a razão completa. Quem te ama descobrirá o seu pior e mesmo assim continuará o amando e identificando-se com seus defeitos e qualidades. Quem te ama sempre suporta seus deslizes, não espera hora certa para do nada te abraçar e dizer que te ama. Quem te ama saberá perdoar e reciprocamente merecerá ser perdoado em suas falhas. Quem te ama acreditará sempre em

você em todas as situações. Portanto, nunca decepcione a pessoa amada."

88) "Amor verdadeiro é raro de se achar, é bem mais difícil do que ganhar na loteria federal. Mesmo assim, nunca desista. Ame primeiramente a si mesmo para que os outros tenham oportunidade de amá-lo."

89) "Felicidade é uma coisa que vem de dentro para fora e não o contrário. Felicidade é aproveitar a vida seja no trabalho, em viagens, com família, amigos, lendo um livro, escrevendo uma história ou lutando por um sonho. O importante é continuar seguindo em frente mesmo nas derrotas."

90) "Deus nunca se aparta de nós. Em nenhum momento, ele deixa de cuidar de nossas dores e dificuldades provando assim um verdadeiro amor paternal. Ao invés de ficar pedindo coisas a ele, agradeça o que tem."

91) "Cuidado com o mundo. Há lobos espreitando sua vida a cada esquina da rua atravessada. Eles querem apenas ver sua desgraça, praticamente não há esperança

para um mundo povoado por criaturas más. Em contrapartida a este comportamento, faça diferente. Cuide de si mesmo, de sua família e de seu próximo de tal forma que todos reconheçam suas obras. Seja um apóstolo do bem sempre e então o reino de Deus será uma realidade em sua vida."

92) "As melhores coisas da vida apenas podem ser sentidas. Exemplos disso são a fé, Deus e o amor. Todos eles existem, mas na terra não temos uma visão clara disso. Basta apenas tentar compreendê-los através de suas reações".

93) "Deem glória unicamente ao Senhor Deus todo poderoso. Não há outra força ou poder digna de admiração em todo o universo. Portanto, não tenham ídolos diante de si."

94) "Tenha a meditação como uma boa prática de relaxamento e de encontro consigo mesmo. Faça esta atividade sempre que estiver procurando um pouco de paz."

95) "Professor, tenha em mente que sua profissão é nobre e honrada. Através da ed-

ucação, são formados todos os profissionais, do presidente ao faxineiro. Logo, tenha orgulho do que faz."

96) "Cultive sua bondade e generosidade auxiliando todos os seres vivos. Não faça o bem por obrigação, faça por se sentir bem sem esperar retribuição. As honras e glórias lhe serão dados no reino dos céus".

97) "Nada nem ninguém pode impedir sua felicidade. Se você está do lado do bem certamente receberá as bênçãos do céu para que sua vida progrida em todos os sentidos. Portanto, permaneça tranquilo e com fé sempre"

98) "Diante do Deus bom você tem valor e por seu merecimento recebes a proteção divina. Saiba aproveitar disso para que atinjas todos seus objetivos."

99) "Onde estão seus tesouros? Pense exatamente sobre o que lhe faz bem. No meu caso, minha felicidade vem do trabalho, do convívio com minha família, da leitura, dos meus livros, das viagens, das minhas boas obras e da vida em si. Se você pensou semel-

hantemente a mim, então sua causa diante de Javé já está ganha, pois, seu caminho transbordará no reino do pai. Lá, felicidade, harmonia e paz prevalecerão na sua existência para todo o sempre."

100) "O humilde será exaltado enquanto o orgulhoso será humilhado. Dois opostos que mostra verdadeiramente como o pai quer que nos portemos diante dele. O mais recomendado é tentar seguir o exemplo de Jesus o qual nos deixou o modelo de homem perfeito."

101) "Eis o mistério da fé. Se você acredita nas forças espirituais do bem, acredita em mim e no meu pai. Nós somos em conjunto a força que coordena os universos com autoridade, poder e soberania. Nada foge do nosso controle mesmo quando o homem se sente grande. Nada consegue nos derribar nem a nossos servos. Somos a pedra inicial de tudo o que existe e buscamos homens comprometidos com nossa causa. Venha fazer parte desta realidade espiritual."

102) "Você sente fome e sede? Você

sente-se inquieto, perturbado e incompreendido? Sente-se inseguro e infeliz? A solução para todos estes problemas está em mim e no meu pai. Nossas leis e mandamentos são verdadeira comida, bebida e paz para sua alma. Não temas diante da escuridão, da traição, da maldade e perversidade dos homens pois diante de te está a todo momento o cordeiro de Israel. Eu sou o rei dos reis e Senhor dos Senhores e nada me foge ao poder. Creia em mim, na minha bondade e misericórdia. Faça sua parte e eu vos abençoarei."

103) "Busque o amor. Busque amar a Deus, a sua família e ao próximo sem esperar recíproca. Eis que o amor e a caridade podem apagar qualquer tipo de pecado por mais grave que seja. Ame sempre e sem medidas. Desta forma, verdadeiramente será meu filho."

104) "Saiba lidar com as críticas por mais duras que sejam. Tente extrair algo positivo das palavras que ferem dolorosamente sua alma. Isto faz parte de seu processo de

amadurecimento e de evolução como ser humano e profissional. Só não aceitem que pisem na sua dignidade nem sejam injustos com o trabalho desempenhado."

105) "Continuem realizando seus trabalhos diários sem maiores preocupações. Se você está agindo certo, não tem com que se preocupar. Eu vos prometo o auxílio nas horas boas e ruins de tal maneira que as línguas ferinas não prejudiquem sua vida. Aliás, nem se importe com elas. Elas buscam na vida do outro o brilho que não tem na delas. São dignas de sua sincera pena."

106) "Não se perturbe com o erro. Ele vem mostrar seus pontos falhos e cabe a ti corrigi-los para que algo semelhante não se repita. Os erros levam aos acertos."

107) "Numa angústia, procure desabafar e dar vazão aos seus sentimentos. Isso é completamente saudável e fará bem para sua alma. Nunca guarde no seu coração o que é ruim e o que lhe traz tristezas."

108) "Tenha dó dos marginalizados socialmente. Exemplos destes são os mendigos,

os menores de rua, os órfãos, os drogados e as prostitutas. Tente ajudá-los de alguma forma, materialmente ou espiritualmente. Entretanto, saiba reconhecer o estelionatário que se aproveita de nossa boa vontade para tirar proveito. A estes, reze para que Deus lhe dê juízo."

109) "Seja persistente na oração buscando entrar em contato com Deus em momentos programados ou em caso de necessidade em qualquer lugar. Ele sempre estará disposto a ouvi-lo e a ajudá-lo da melhor forma."

110) "Aprenda a lei da vida e ensine aos mais jovens. Busque demonstrar o reino de Deus e suas implicações na vida diária frisando que sempre vale a pena ser um homem bom e honesto."

111) "Maldito seja quem falar mal do senhor ou dos seres de luz em qualquer grau. O senhor Deus é bom e justo provando isso através de suas obras. É um verdadeiro pai pois dá sol e chuva para bons e maus. Saiba ser grato a ele por tudo de bom que aconte-

ceu em sua vida e nunca atribua coisas ruins à ação dele".

112) "Fuja das ciladas de sua mente. Nem sempre aquilo que pensamos é verdade. Temos que analisar tudo friamente para que possamos julgar uma causa de uma forma justa."

113) "A essência do bem consiste no amor, misericórdia, generosidade, tolerância, caridade, generosidade, paz, proteção e compreensão. Já a essência da sabedoria consiste em saber ouvir o próximo e entender suas razões".

114) "Somos feitos do pó e para ele voltaremos. Por que então muitos carregam um orgulho como se fossem invulneráveis e inatingíveis? Reconheçam sua pequenez e ajam de forma que o senhor vos proteja de todos os males. A fim disso, façam sempre o bem".

115) "Todas as coisas seguem um ordenamento prévio. Para cada pessoa, um talento específico e uma missão que possa estar à sua altura. Da mesma forma, os dons são dis-

tribuídos de acordo com o merecimento de cada um."

116) "O ser torna-se miserável pela sua pobreza de espírito, por sua avareza e pelo seu orgulho. Em contrapartida, o ser torna-se belo através da sua generosidade, ternura e amor."

117) "Deem esmolas a quem realmente precisa. Não se deixe enganar pelos espertalhões deste mundo que usam de sua bondade para angariar vantagens. Este crime se chama estelionato."

118) "Parem de incomodar a meu pai pedindo todos os dias pelos seus dramas pessoais. Não sejam egoístas, peçam pelo seu próximo que Deus olhará para seus problemas".

119) "Saiba reconhecer a boa obra e o benfeitor. Saiba ser grato por tudo que Deus lhe deu esforçando-se no presente para construir um belo futuro".

120) "A verdadeira religião são as boas obras e atitudes. São elas que o credenciarão a entrar no meu reino".

121) "Agradar a Deus requer um grande esforço. Quando cometemos um erro, é uma ótima oportunidade para analisar os nossos projetos e buscar as possíveis soluções. Reconhecer o pecado é o primeiro passo para o perdão e consequente remissão."

122) "A perdição do homem é querer ser como o criador tornando-se autossuficiente. É preciso reconhecer que viemos do pó e para ele voltamos. Todas as pessoas estão sujeitas às doenças, aos acidentes, aos erros e a infelicidade. Então por que querer ser grande sem de fato sê-lo? Vamos ser mais humildes e buscar cumprir a palavra do senhor.".

123) "O segredo da felicidade consiste em não ter muita expectativa com relação aos outros e buscar viver na linha honesta da honra. Os justos sempre serão abençoados".

124) "Todas as formas de vida provêm do criador. Por essa razão, não se vê motivo em discriminar alguém. Somos iguais perante o senhor em todos os sentidos."

125) "O senhor é soberano em todo o uni-

verso. Podemos ver esta obra do criador nos elementos e criaturas que compõem o mundo visível e invisível. Através dela podemos admirar o verdadeiro benfeitor de tudo.".

126) "Observando a natureza e suas leis naturais podemos concluir que somos parte dum todo maior."

127) "Seja observador, mas tente não interferir na vida do outro".

128) "Deus está em toda parte e em especial nas pessoas boas. Saiba entender sua vontade soberana sobre sua vida colaborando para um planeta onde as pessoas sejam mais humanas."

129) "Minha misericórdia, bondade e compreensão são insondáveis. Não temais minha ira, apenas faça de tal forma que suas boas ações redimam seus erros."

130) "Ser sublime é ser político na forma de tratar as pessoas, é perdoar o próximo mesmo que ele não mereça, é amar e ser amado num mundo cada vez mais cheio de maldade, é sempre acreditar num bom fu-

turo quando se trabalha no presente. Ser sublime também é trabalhar todos os dias com honestidade, honradez e dignidade para fortalecer o vínculo familiar. Ser sublime é ser simples pois só estes herdarão os melhores cargos no reino do meu pai."

131) "Nascer, viver e morrer. Outono, verão, primavera e inverno. Tudo isto são fases e em cada uma delas devemos saber nos portar objetivando o pleno sucesso."

132) "Honra ao mérito e vida longa ao rei generoso. Neste mundo e no outro só temos exatamente aquilo que merecemos".

133) "Se queres ser o maior, siga minha cruz e faça a si mesmo um servo do seu próximo pois a realeza provém da pequenez."

134) "Pare de dar desculpas para si mesmo. Procure integrar-se a uma boa religiosidade de tal forma que seus atos sejam um reflexo daquilo que você acredita. Viva sua própria autenticidade."

135) "Parem de me culpar pelos seus próprios erros. Faça uma análise criteriosa

de sua trajetória e de todos os seus atos. Chegará um momento em que você descobrirá que é o único responsável pelas suas vitórias e derrotas. Digamos que apenas eu seja seu apoiador".

136) "Fique longe de qualquer tipo de droga. Além de causar dependência este tipo de coisa lhe dá uma falsa sensação de estar feliz."

137) "Cada qual deve fazer sua parte para o seu progresso pessoal e do mundo. Atuando em equipe, podemos alcançar vitórias consistentes."

138) "Devemos revitalizar e controlar nossas emoções de tal maneira que não prejudiquemos o outro. Entretanto, para que alcancemos este estágio é necessário o conhecimento de si mesmo e do meio à sua volta."

139) "Eu sou feliz e faço o bem ao mundo. Sigam meu exemplo para que a terra seja abençoada e a vida permaneça por muito tempo."

140) "Mesmo que o homem more em

palácio atuando no cargo de rei nada será diante de Deus se não conservar o amor, a caridade e a honradez. O que salva a alma do homem são suas boas obras e valores. Logo, poder, influência e riqueza não significam nada diante do criador."

141) "Continue a viver. Não deixe que a tristeza e o rancor amargurem seu coração em nenhum momento. Se o outro lhe feriu, perdoe para seu próprio bem. Siga sua vida procurando realizar um bom trabalho em todas as esferas possíveis".

142) "Busque a educação como fonte primária de sabedoria. Sem ela, nada se constrói, nada progride. Ao invés de deixar como herança bens materiais, deixe como herança a instrução para seus filhos.

144) "Nada acontece por acaso. Cada pessoa que entra na sua vida o faz por alguma razão. Tente entender os sinais do destino para construir uma caminhada feliz."

145) "Não adianta desperdiçar seu precioso tempo com quem não merece. Afaste-se da escuridão e agrupe ao seu redor

pensamentos e elementos positivos. O bem atrai o bem."

146) "Exclua de sua vida os momentos ruins, as más influências, a inveja, a perversão, a perseguição e a tristeza. Ame mais, doe-se mais, acredite mais em si mesmo e em Deus tendo sempre um ponto de vista positivo mesmo em relação aos fatos ruins. Viva!

147) "Faça de tal forma que suas atitudes e palavras influenciem os outros de maneira positiva."

148) "Procure não se isolar. O homem é um ser social que depende do outro para sobreviver."

149) "Seja sempre claro em suas observações não deixando margem para falsas interpretações".

150) "Seja sempre otimista nunca desistindo dos seus sonhos."

PARTE II

O Sentido Da Vida

"Tolo é aquele que busca incessantemente encontrar um sentido para a vida. Apesar de todos seus esforços, perderá tempo, dinheiro e ainda produzirá estresse e cansaço mental. Simplesmente porque não há explicação pelo "Existir". Em conseguinte, o homem deve se preocupar com outras coisas mais pertinentes. Estabeleça projetos e sonhos. Busque cumpri-los sem prejudicar ninguém. Aliado a isso, promova o bem e a caridade. Quando o homem se entrega nas mãos de Deus, seus desejos e aspirações são concretizados. Essa é a lógica planta-colheita ou "Lei do Retorno". Esta é a mais importante lei visível aos humanos. Portanto, nunca diga que o ruim foi vontade de Deus. Foi você com suas próprias mãos que errou e colhe agora os prejuízos. Nós somos nossos próprios juízes."

A situação atual

"A ganância, a inveja, a sede de justiça, a incompreensão, o desamor, a competividade, o desrespeito e a intolerância tornaram os homens menos humanos. Tanto que quase não há pureza na face da terra. Ou poucos bons restantes são os que permanecem felizes. O bem-estar é diretamente proporcional à bondade, a honestidade, ao amor, a generosidade e a fé em Deus. Sendo bons, todos seus planos serão abençoados pela divindade. Mesmo os maus, tem sempre a chance de recomeçar novamente. Porque Deus é pai de todos."

Reconhecer-se Pequeno

"Quem sou eu? Não vim do pó? Também a ele não retornarei? Devemos meditar nesta máxima para que cultivemos a humildade em todas as ocasiões. O homem é grande pelas suas atitudes e obras. Neste instante, ele se tornou instrumento divino. O bem não se atribui a um nome. É manifestação do criador entre os mortais. Através de nós, a escrita da vida vai tomando forma. Tudo está escrito e deve acontecer."

O Insensato

"O mal produz cada vez mais ódio e infelicidade. Aqueles que se ocupam em prejudicar o outro são verdadeiros vermes humanos. São verdadeiros filhos de Satanás, o anjo caído. A nós, filhos de Deus, resta pedir proteção aos seres de luz. Com certeza, com a companhia de Deus não temeremos mal algum. Embora eu caminhe sobre o vale tenebroso, comigo tu estás. Se tivermos mil adversários, Deus envia dez mil em nossa proteção. O bem é mais forte e sempre prevalecerá desde que nos entreguemos à sua vontade e companhia."

O Destino

"A vida nos leva a circunstâncias inesperadas. No nosso tempo na terra, vivemos dores, tristezas, alegrias, decepções, realizações, ou seja, situações dicotômicas. Cada um destes acontecimentos, vai nos fortalecendo e nos preparando para os fatos posteriores. Um coração puro se torna maduro.

Ainda assim, não somos donos de seu próprio nariz. Às vezes, as coisas acontecem de tal maneira que nos obriga a tomar decisões importantes. Muitas vezes, um sonho substitui outro. A esta força maior chamo de destino ou predestinação. Todas estas forças são comandadas por um poder maior que só quer o nosso bem. Pode-se dizer ser isso algo bom."

A companhia dos Anjos

"Os anjos são nossos companheiros de jornada na Terra. Intuitivamente, eles nos sugestionam as boas ações e pensamentos. Diante dos perigos, nos socorrem. Em questões difíceis, nos aconselham. Saiba conversar com seu anjo entendendo melhor a vontade de Deus. Certamente, esta parceria será mais frutífera."

fim

www.ingramcontent.com/pod-product-compliance
Lightning Source LLC
LaVergne TN
LVHW020438080526
838202LV00055B/5250